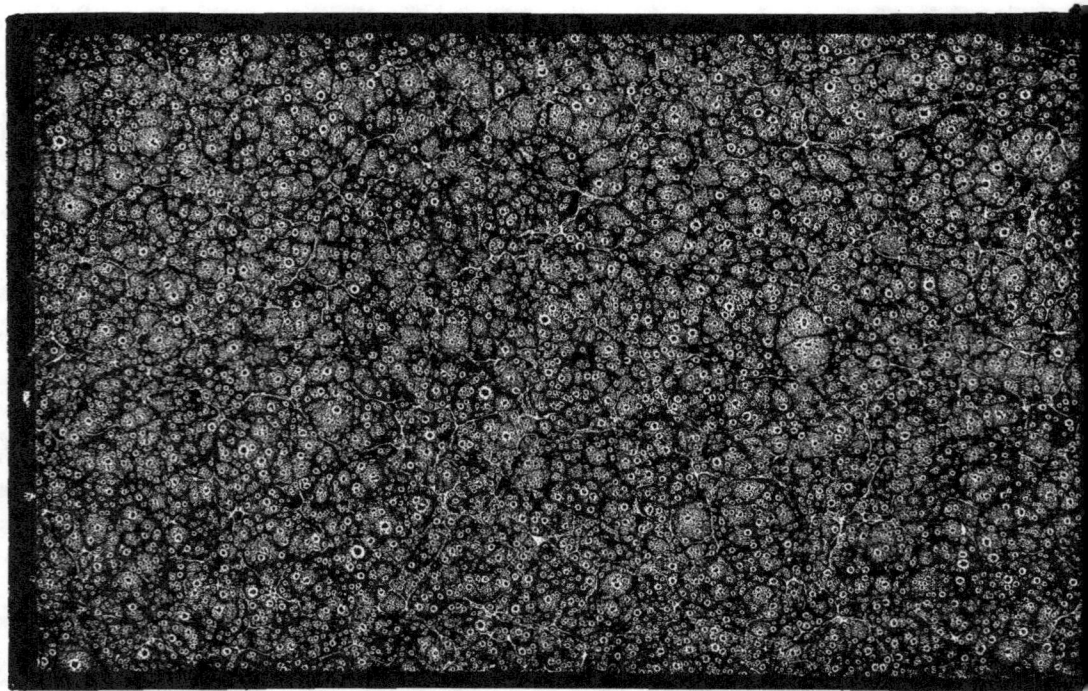

14357

3646

PROGRAMME

D'UN

CARROUSEL MILITAIRE

SERVANT DE COMPLÉMENT

A

L'INSTRUCTION DES RECRUES.

VERSAILLES,

BRUNOX-MERLEAUD, IMPRIMEUR-LITHOGRAPHE, PLACE HOCHE, 13.

Imprimerie typographique de BEAU Jne, rue Satory, 28.

Aout — 1849.

1849

L'émulation qu'excitent les joux du Carrousel, négligés depuis trop longtemps, le haut degré d'habileté dans la conduite du cheval et d'adresse dans le maniement des armes, qui en sont les heureux résultats ; tout prouve que le rétablissement de ces exercices est dans l'intérêt bien entendu de l'instruction de la Cavalerie.

(Cours d'Équitation militaire, t. 1, page 362.)

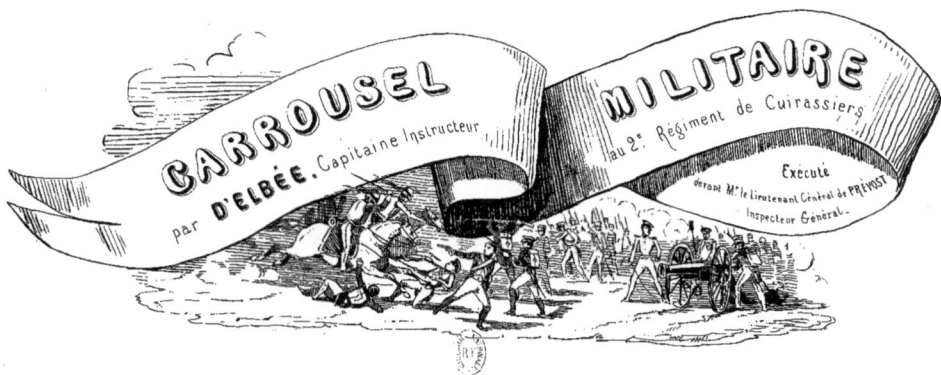

CARROUSEL MILITAIRE

par D'ELBÉE, Capitaine Instructeur

au 2ᵉ Régiment de Cuirassiers

Exécuté

devant Mᵉˡᵉ Lieutenant Général de PRÉVOST

Inspecteur Général.

A Monsieur DARD D'ESPINAY,

COLONEL DU DEUXIÈME RÉGIMENT DE CUIRASSIERS,

Son très-obéissant et très-
dévoué Serviteur,

D'ELBÉE ,
Capitaine Instructeur.

Dessins lithographiés chez B<small>RUNOX</small>-M<small>ERLEAUD</small>,

A VERSAILLES.

CARROUSEL MILITAIRE.

Le peloton est composé de 24 ou 32 cavaliers et forme (trois) ou quatre sections, chacune de huit cavaliers; il se divise en outre en deux reprises principales; — le premier rang forme la première reprise; — le deuxième rang forme la deuxième reprise. — Chaque reprise principale est subdivisée en (trois) ou quatre reprises de quatre cavaliers nommées *quadrilles*.

On a soin de désigner les conducteurs des reprises principales et ceux des quadrilles.

Le peloton étant disposé en bataille, la droite en face et à vingt mètres de l'entrée de la carrière, on fait compter par quatre dans chaque rang, charger les armes, et mettre le sabre à la main. Les cavaliers sont en grande tenue, les chevaux sont paquetés. Deux trompettes sont désignés pour être à la disposition de l'officier commandant le Carrousel.

Exercices d'Equitation Militaire.

Iere Partie.

Entrée dans la Carrière. — Rendre les Honneurs.

1ᵉ **PARTIE.**

Exercices d'Equitation militaire.

ENTRÉE DANS LA CARRIÈRE : RENDRE LES HONNEURS.

Pour rendre les honneurs, l'officier commandant se place à dix mètres en avant du conducteur de la première reprise principale, et salue du sabre ou de l'épée. Les deux trompettes sont placés à cinq mètres derrière lui et sonnent, en entrant, le premier couplet de la marche. Après avoir rendu les honneurs, ils vont se placer derrière l'officier commandant ou à l'endroit désigné par lui. L'officier commandant fait ensuite rompre le peloton par un, le premier rang d'abord, le deuxième rang ensuite.

PREMIER MOUVEMENT.

Le cavalier de droite du premier rang, qui est conducteur de la reprise principale, fait par file à droite, tourne à gauche, et marche droit à la carrière ; il commence un doublé dans la longueur, et, après avoir marché vingt pas, tient une hanche entière, de manière à faire face à la personne à laquelle on rend les honneurs. Arrivé devant elle, il présente le sabre, marche quelques pas, porte le sabre à l'épaule et continue d'appuyer jusqu'à ce qu'il soit arrivé à dix pas du petit côté ; alors il marche droit et tourne à droite. Chaque cavalier du premier rang exécute successivement le même mouvement, ayant soin de conserver un mètre d'intervalle.

Le deuxième rang rompt après le premier, et assez à temps pour pouvoir conserver l'intervalle indiqué.

Séparer les deux Reprises.

Lorsque tous les cavaliers, après avoir rendu les honneurs, sont en file sur le grand côté de la piste, le conducteur de la deuxième reprise principale prend une volte, et dès que les deux reprises se trouvent à la même hauteur, il se règle sur celui de la première reprise, afin d'arriver en même temps que lui aux angles opposés de la carrière.

Ce mouvement s'exécute au pas.

DEUXIÈME MOUVEMENT.

Prendre le Cercle à droite dans chaque Quadrille.

Chaque conducteur de quadrille décrit son cercle de manière à ne laisser qu'un tiers de mètre (un pied) de distance entre lui et le dernier cavalier de sa quadrille, afin que le cercle se trouve fermé.

Le conducteur de chaque quadrille se règle sur le conducteur de la première quadrille de sa reprise.

Le conducteur de la deuxième reprise principale se règle sur le conducteur de la quatrième quadrille de la première reprise.

De cette manière toutes les quadrilles correspondantes doivent se trouver à la même hauteur.

Lorsqu'on est en cercle à droite, chaque cavalier prend la position de : *à droite pointez.*

Exercices d'Équitation Militaire.

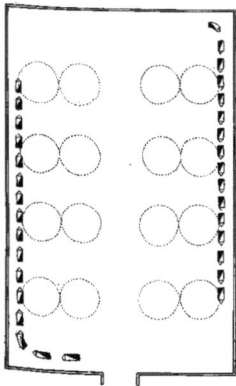

Prendre le Cercle dans chaque Quadrille
et changer le Cercle extérieurement.

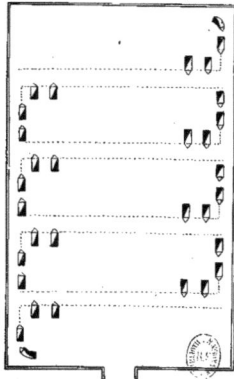

Doubler successivement dans la largeur par
Quadrille en tenant les hanches.

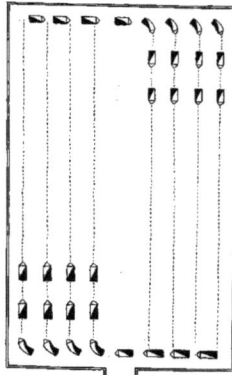

Doubler individuellement et successivement
dans la longueur par Quadrille.

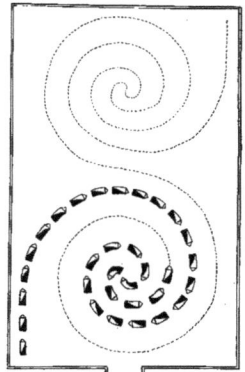

La Spirale ____ Changer la Spirale.

Changer le Cercle extérieurement.

Chaque conducteur exécute une demi-volte renversée extérieurement et va prendre un cercle opposé à celui qu'il décrivait, de manière à former un huit de chiffre.

Lorsqu'on est en cercle à gauche, chaque cavalier prend la position d'*à gauche pointez*.

Reprendre le Cercle à la première main.

Revenir par une demi-volte renversée au cercle à droite.

Pendant les changements de cercle, les cavaliers portent le sabre à l'épaule.

Reprendre la Piste.

Tous les conducteurs de quadrille quittent le cercle en même temps, et les deux reprises se trouvent marcher à main droite.

Ce mouvement s'exécute au trot.

———————

TROISIÈME MOUVEMENT.

Doubler successivement dans la largeur par Quadrille en tenant les hanches.

Les deux reprises principales marchant sur les grands côtés, les conducteurs des quadrilles, suivis des cavaliers qui les composent, doublent ensemble en tenant les hanches à droite, de manière que les quadrilles passent vis-à-vis l'une de l'autre à un tiers de mètre (un pied). Alors les cavaliers croisent le sabre et ne le portent à l'épaule

2

que lorsqu'ils ont dépassé la quadrille vis-à-vis de laquelle ils se trouvent. En arrivant au mur opposé les conducteurs, et successivement chaque cavalier, suivent la piste à main gauche.

Répéter le même mouvement pour remettre chaque reprise à main droite.

Ce mouvement s'exécute au pas.

QUATRIÈME MOUVEMENT.

Doubler individuellement et successivement dans la longueur par Quadrille.

Chaque reprise étant arrivée à l'extrémité du petit côté, double individuellement par quatre. Chaque conducteur de reprise conserve sa distance, et chaque cavalier, en se réglant sur le conducteur, conserve son intervalle.

La première quadrille de chaque reprise principale fait *en avant sabrez;* la deuxième fait des *moulinets à volonté;* la troisième fait *en tierce pointez;* la quatrième fait des *moulinets à volonté.* Arrivé à la piste opposée, chaque cavalier double de nouveau à droite et porte le sabre à l'épaule.

Répéter le même mouvement pour remettre les reprises principales dans l'ordre naturel.

Ce mouvement s'exécute au galop, en passant du pas au galop.

CINQUIÈME MOUVEMENT.

La Spirale.

On fait serrer la deuxième reprise principale sur la première.

Arrivé sur le petit côté de la carrière, près de l'entrée, le conducteur décrit la spirale, suivi de tous les cavaliers.

Chaque cavalier, en formant la spirale, prend la position d'*en avant sabrez* ; en la déroulant, chaque cavalier prend la position d'*à gauche pointez*, et ne porte le sabre que lorsqu'il change la spirale.

Changer la Spirale.

Le conducteur ayant déroulé la spirale, traverse le manége diagonalement, et va former une nouvelle spirale à l'extrémité opposée.

Chaque cavalier, en formant cette nouvelle spirale, prend la position d'*en avant sabrez*, et en la déroulant, *à droite pointez*. Reporter le sabre après le mouvement terminé.

Ce mouvement s'exécute au trot.

SIXIÈME MOUVEMENT.

Reformer le Peloton en dehors de la Carrière.

Le conducteur, après avoir déroulé la deuxième spirale, descend la carrière suivi de tous les cavaliers, par un doublé dans la longueur et se dirige vers l'entrée de la carrière, en décrivant des lignes diagonales, d'abord très-longues, et les rétrécissant ensuite à mesure qu'il arrive à l'entrée de la carrière ; faisant en sorte d'imiter la figure d'un serpent qui se déroule.

Saut de la Barrière.

Le conducteur, en arrivant à cinq mètres de la barrière placée à l'entrée de la carrière, part au galop et franchit l'obstacle en prenant la position d'*en avant sabrez*. Il est suivi par tous les cavaliers qui exécutent successivement le même mouvement en ayant l'attention de conserver de grandes distances.

Après avoir sauté, le premier cavalier passe au trot, tourne à droite, marche droit devant lui, tourne à gauche, marche vingt pas, tourne une seconde fois à gauche, et vient se reformer par le mouvement *front* à la place que le peloton occupait en bataille.

Le deuxième rang exécute successivement le même mouvement, ayant l'attention de se diriger de manière à pouvoir se replacer derrière le premier rang après avoir tourné pour la deuxième fois à gauche. Le peloton étant formé, remettre le sabre.

Contredanses.

2ᵉ Partie

Le Moulinet.   Galop Général.

2ᵉ PARTIE.

Contredanses.

Pour ces exercices, on désigne seize cavaliers, huit du premier rang et huit du deuxième rang : on les divise par *couples et quadrilles*.

Un *couple* se compose de deux cavaliers, celui du deuxième rang et son chef de file.

Une *quadrille* se compose de deux couples, placés en face l'un de l'autre.

Les huit cavaliers du premier rang figurent les *cavaliers*, et sont montés sur des chevaux noirs, ou autant que possible de couleur foncée.

Les huit cavaliers du deuxième rang figurent les *Dames*, et sont montés sur des chevaux gris.

La musique joue pendant ces exercices des morceaux adaptés à chaque figure, le trompette-major ayant soin de s'entendre avec l'officier commandant pour commencer ou terminer au moment voulu.

Le peloton étant en bataille et placé comme il est prescrit dans la première partie, on fait l'indication : *Cavaliers des quadrilles* EN AVANT. A cette indication, les huit cavaliers du premier et du deuxième rang désignés se portent en avant, et marchent six pas droit devant eux.

Les huit autres cavaliers du premier et du deuxième rang non désignés restent à leur place de bataille.

A l'indication *par file à droite*, les cavaliers de droite du premier et du deuxième rang font un *à droite* et se réunissent botte à botte ; ces deux cavaliers forment le *premier couple*.

A l'indication *tournez à gauche*, le premier couple tourne à gauche et se dirige au trot vers l'entrée de la carrière ; il est suivi par tous les autres cavaliers qui se réunissent de la même manière et forment, le deuxième cavalier du premier et du deuxième rang, le *deuxième couple*, le troisième cavalier du premier et du deuxième rang, le *troisième couple*, et ainsi de suite, chaque couple restant en file et à douze mètres l'un de l'autre.

PREMIER MOUVEMENT.

Promenade autour de la Carrière.

Le premier couple entre dans la carrière au trot ; après avoir marché quelques pas, il tourne à droite et monte le manège à main gauche ; il est suivi par les autres couples, qui exécutent successivement le même mouvement, chaque couple ayant soin de conserver la distance indiquée.

En place pour la Contredanse.

Le premier couple se range par un *à droite par deux*, marche quelques pas et s'arrête à la place qu'il doit occuper.

Le deuxième couple continue de marcher sur la piste, et, arrivé vis-à-vis de la place qu'il doit occuper, il se range par un *à gauche par deux*, marche quelques pas et s'arrête.

Les 3ᵉ, 4ᵉ, 5ᵉ, 6ᵉ, 7ᵉ et 8ᵉ couples se rangent successivement de la même manière, lorsqu'ils sont arrivés vis-à-vis des places qu'ils doivent occuper. Après ce mouvement, les couples doivent se trouver placés de la manière suivante :

Le premier couple fait face au petit côté opposé à l'entrée de la carrière, ayant son flanc gauche à hauteur de la droite de l'entrée.

Le huitième couple fait face au petit côté opposé à l'entrée de la carrière, ayant son flanc droit à hauteur de la gauche de l'entrée, et sur la même ligne que le premier couple.

Le deuxième couple, à la droite du premier, mais faisant face au grand côté.

Le septième couple, en face du deuxième.

Le troisième couple fait face au grand côté, à la droite du deuxième, et sur la même ligne.

Le sixième couple, en face du troisième.

Le quatrième couple, à la droite du troisième, mais faisant face au premier et au petit côté de l'entrée.

Le cinquième couple, à la droite du quatrième, et faisant face au huitième, et sur la même ligne que le quatrième.

On a soin que tous les couples forment un carré parfait, et que les intervalles entre chaque couple soient bien observés, surtout quand chaque couple revient à sa place, après les figures; pour obtenir ce résultat, on doit avoir la précaution de tracer le carré d'avance dans la carrière, et de marquer la place que chaque couple doit occuper.

Les couples étant placés de la manière qui vient d'être prescrite, on désigne les quadrilles et les vis-à-vis.

Le premier et le huitième couples forment la première quadrille.

Le quatrième et le cinquième sont les vis-à-vis de la première quadrille.

Le deuxième et le troisième couples forment la deuxième quadrille.

Le sixième et le septième sont les vis-à-vis de la deuxième quadrille.

Avant de commencer les exercices, on doit prévenir les cavaliers de ce que l'on entend par *volter*.

Pour volter, le cavalier tourne sur place, en faisant pivoter son cheval sur les extrémités antérieures. Tandis que le cavalier décrit de cette manière un cercle très-étroit, la dame tourne autour de lui, en se maintenant botte à botte.

Pour ces exercices, on fait prendre le filet dans la main droite.

DEUXIÈME MOUVEMENT.

Le Pantalon.

Après l'introduction, les couples de la première quadrille se portent en avant botte à botte, se dirigent à la rencontre l'un de l'autre ; en y arrivant, ils se séparent : chaque dame passe au milieu du couple qui lui fait vis-à-vis, se rapproche immédiatement de son cavalier qui oblique de suite à droite ; et, réunis ainsi par deux, ils vont, en voltant, faire face au côté opposé à celui d'où ils sont partis. Après avoir volté, chaque couple se reporte en avant, traverse, se réunit, et volte de nouveau pour reprendre sa place primitive.

La Chaîne des Dames.

Au couplet de la contredanse, la dame de chaque couple abandonne son cavalier, se porte en avant en obliquant à gauche, traverse obliquement à droite, passe devant le cavalier qui lui fait vis-à-vis en décrivant une demi-volte à gauche, et revient ensuite, par le mouvement inverse, reprendre sa place en voltant.

Cette figure exécutée par chaque dame, doit représenter un huit de chiffre allongé.

Après avoir volté, chaque couple se porte en avant, traverse, volte du côté opposé, se reporte en avant, traverse et volte de nouveau pour reprendre sa place.

Contredanses.

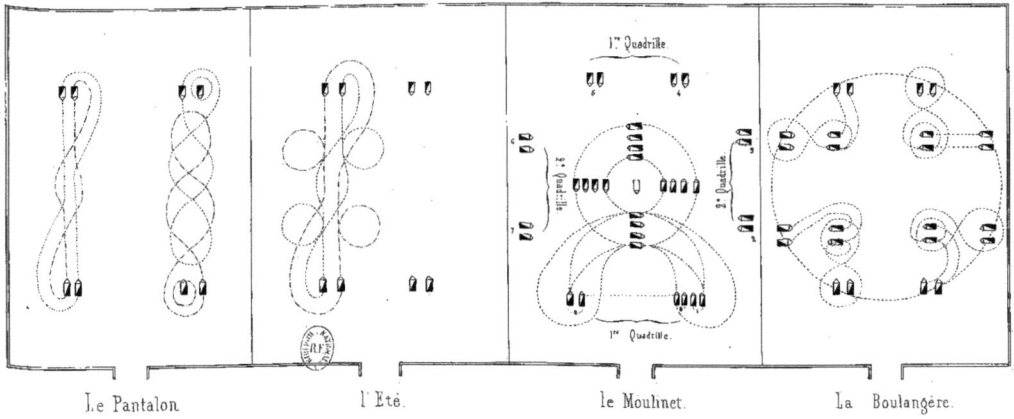

Le Pantalon.   l'Eté.   le Moulinet.   La Boulangère.

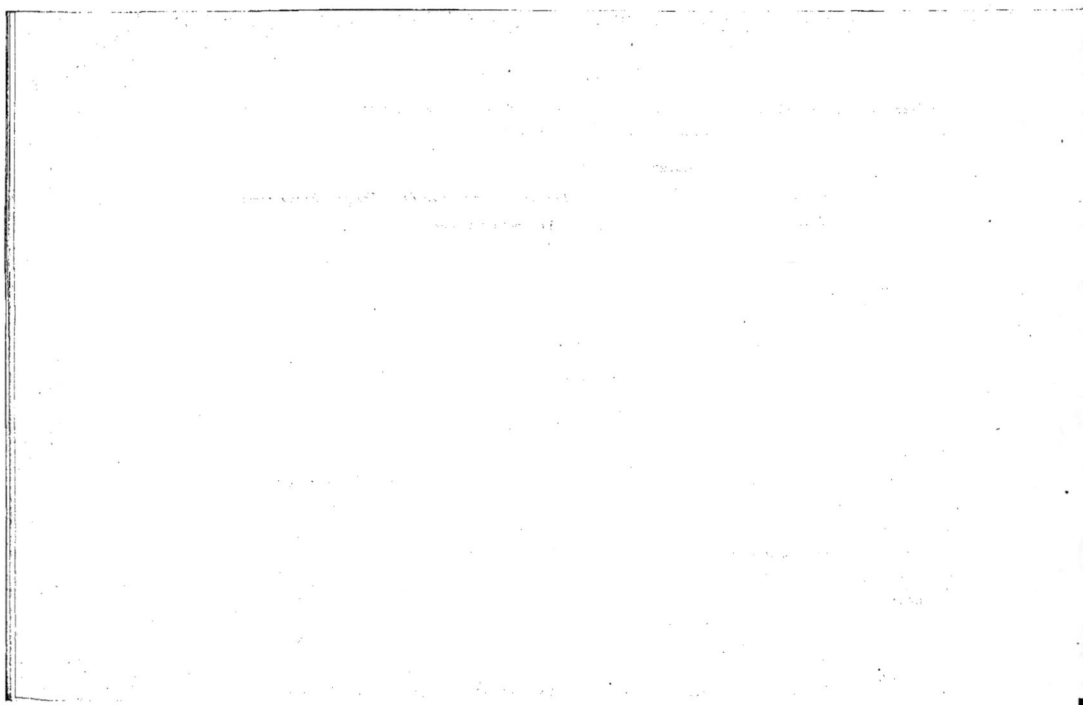

La deuxième quadrille exécute la la même figure, les couples se réglant sur la musique pour partir ensemble.

Cette contredanse s'exécute au trot.

La chaîne anglaise.	*Chaîne des dames, huit de chiffre par chaque dame.*
En avant par couple.	En avant par couple.
Traverser.	Traverser.
Volter.	Volter.
En avant.	En avant.
Traverser.	Traverser.
Volter.	Volter.

TROISIÈME MOUVEMENT.

L'Été.

Après l'introduction, les couples de la première quadrille se portent en avant; arrivés en face l'un de l'autre, chaque couple se sépare par un cercle individuel, la dame décrivant un cercle à droite, le cavalier un cercle à gauche; après le cercle, ils se réunissent, se portent en avant, traversent, voltent au côté opposé, se reportent en avant, se séparent de nouveau par un cercle individuel à droite et à gauche, se reportent en avant, traversent et reviennent en voltant reprendre leur place.

La deuxième quadrille exécute la même figure, les couples se réglant sur la musique pour partir ensemble.

Cette contredanse s'exécute au trot.

3

FIGURE DE CETTE CONTREDANSE.

En avant par couple.

En cercle à droite et à gauche individuellement.

Traverser.

Volter.

En avant par couple.

En cercle à droite et à gauche individuellement.

Traverser.

Volter.

QUATRIÈME MOUVEMENT.

Le Moulinet.

Pendant l'introduction, chaque couple de gauche se réunit à celui de droite en appuyant à droite.

Ainsi, le huitième couple serre sur le premier ; — le deuxième serre sur le troisième ; — le quatrième serre sur le cinquième ; — le sixième serre sur le septième.

De cette manière, les deux couples de chaque quadrille sont réunis par quatre, botte à botte, et se trouvent dans une direction diagonale avec ceux qui leur font vis-à-vis.

Au couplet de la contredanse, chaque rang se porte en avant par quatre, les cavaliers et les dames restant liés les uns aux autres. Arrivé vis-à-vis de la place qu'il doit occuper, chaque rang fait *à gauche par quatre* (les numéros 3, 2, 4, voltant sur le numéro 4), se porte en avant, et s'arrête à sa place.

Après le mouvement, cette figure doit représenter une *croix de Malte.*

Au couplet de la contredanse, chaque rang de quatre décrit deux cercles à droite, de manière à rester toujours à la même hauteur, aligné et à sa distance.

Les deux tours de cercle terminés, chaque rang de quatre exécute un demi-tour à gauche par quatre, à pivot mouvant, se dirige en obliquant de suite à droite, vis-à-vis du côté opposé à celui d'où il est parti, et y étant arrivé, il fait face en tête par un demi-tour à gauche par quatre, et s'arrête (les numéros **3**, **2** et **1**, voltant sur le numéro **4**).

Après cette figure, les rangs de quatre doivent se trouver placés dans le sens opposé au point de départ.

Au couplet de la contredanse, la figure se répète à droite par les moyens inverses.

Cette contredanse s'exécute au trot.

FIGURE DE CETTE CONTREDANSE.

En avant par quatre.	En avant par quatre.
A gauche par quatre, en avant et halte.	A droite par quatre, en avant et halte.
Deux tours de cercle à droite.	Deux tours de cercle à gauche.
Demi-tour à gauche par quatre.	Demi-tour à droite par quatre.
A gauche par quatre, halte.	A droite par quatre, halte.

CINQUIÈME MOUVEMENT.

La Boulangère.

Pendant l'introduction, les couples de gauche reprennent leurs places en appuyant à gauche.

Le premier couple se porte de suite au milieu du carré formé par les quadrilles, et se place de manière à faire face à la personne à honorer.

Au premier couplet de la Boulangère, le cavalier du premier couple abandonne sa dame, tourne devant elle par une volte à droite, et va passer derrière le deuxième couple, en décrivant un huit de chiffre, repasse devant sa dame, et continue à exécuter le même mouvement, jusqu'à ce qu'il ait passé successivement derrière tous les couples. Lorsqu'il a passé devant le huitième couple, il vient se réunir à sa dame, et tous deux reprennent leur place par un demi-tour à gauche par deux.

Lorsque le cavalier décrit sa volte autour de la dame, celle-ci doit lui faire face en pirouettant à droite.

Au couplet de la Boulangère, qui se fait sur un ton plus élevé, tous les couples voltent à gauche au trot, se mettent en cercle à droite, et voltent à droite en arrivant à leurs places.

Chaque couple exécute successivement le même mouvement.

On peut faire exécuter la Boulangère par deux ou quatre couples en même temps. Dans ce cas, on a soin de désigner les couples qui doivent commencer.

Si c'est par deux couples, le premier exécute avec le deuxième, septième et huitième ; — le cinquième exécute avec le sixième, quatrième et troisième, et réciproquement.

Si c'est par quatre couples, le premier exécute avec le deuxième ; — le troisième avec le quatrième ; — le cinquième avec le sixième ; — le septième avec le huitième, et réciproquement.

Cette contredanse s'exécute au trot.

SIXIÈME MOUVEMENT.

Galop Général.

Pendant le premier couplet du galop, chaque couple volte à gauche au galop, et s'arrête.

Au deuxième couplet, tous les couples partent au galop à droite ; le premier couple remonte le manége à main droite, en obliquant à gauche, de manière à longer la piste ; revenu à la place qu'il occupait, il passe au trot, tourne à gauche, sort de la carrière, et se reforme à sa place de bataille comme il est prescrit dans la première partie.

Tous les couples suivent le premier, en ayant soin d'obliquer également à gauche, de conserver de l'un à l'autre les distances indiquées, et de passer au trot au même point que le premier.

Pendant les contredanses, l'officier commandant se place entre le deuxième et le huitième couple.

Pour le moulinet, il se place au milieu du cercle formé par les rangs de quatre.

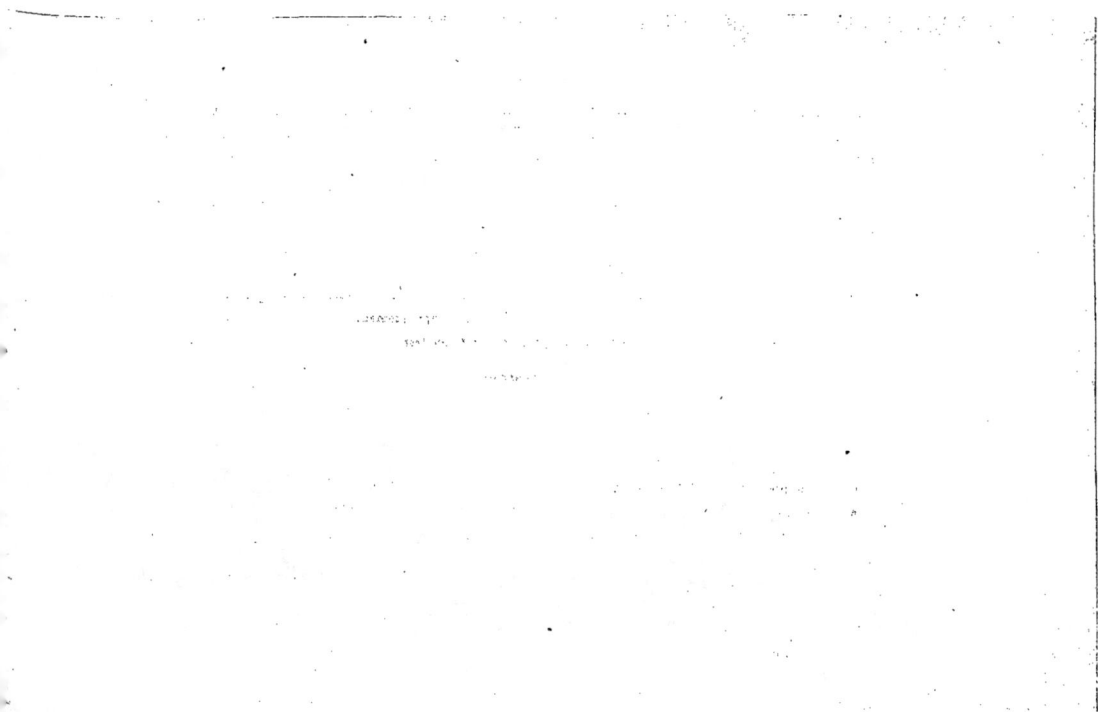

Courses

3me Partie

Lancer le Dard.   Prendre la Bague.   Pointer la Tête à terre et l'enlever.

3ᵉ PARTIE.

Courses.

Le peloton étant en bataille, à l'avertissement : *cavaliers pour la course en avant*, les huit cavaliers du premier et du deuxième rang désignés sortent du rang ; ils tiennent la lance en arrêt.

A l'avertissement : *Rompez par quatre*, les quatre premières files de droite continuent de marcher : les autres files arrêtent et rompent successivement par quatre, quand elles ont la place nécessaire.

En entrant dans la carrière, le premier rang de quatre part au galop ; arrivé à douze mètres du petit côté de la carrière, il s'arrête, exécute un demi-tour à gauche par quatre, de manière à faire face à l'entrée.

Le deuxième rang de quatre part également au galop, se dirige bien droit, et à douze mètres du petit côté ; il s'arrête, de manière à avoir le dos tourné à l'entrée de la carrière.

Le troisième rang de quatre exécute le même mouvement que le premier, ayant soin d'obliquer un peu à droite, de manière à pouvoir se placer à la gauche du premier rang après avoir exécuté son demi-tour à gauche.

Le quatrième rang de quatre, exécute le même mouvement que le deuxième, et vient se placer à sa gauche.

Dans chaque rang de quatre, les cavaliers restent liés botte à botte.

Course de la Bague.

A l'avertissement : *Pour la course de la bague*, le cavalier de droite du premier rang fait un demi-tour à droite et va se placer au coin de la carrière en arrière de la droite de son rang et faisant face au baguier. Le cavalier de droite du deuxième rang fait également un demi-tour à droite et va se placer au coin de la carrière en arrière de la droite de son rang, faisant face à la tribune où est placée la personne à qui on rend les honneurs. Les deux cavaliers portent la lance. A l'avertissement : *Course de la bague*, les deux cavaliers exécutent la course. Voyez le *Cours d'Equitation militaire*, tome 1er, page 372.

Course de Tête à terre avec le sabre.

Les deux cavaliers exécutent la course comme il est indiqué au *Cours d'Equitation militaire*, tome 1er, p. 373.

Course du Dard.

Chaque rang étant en bataille vis-à-vis l'un de l'autre, à l'avertissement : *Pour la course du dard*, le conducteur du premier rang se porte en avant ; après avoir marché quelques pas, il tient une demi-hanche à gauche. Il est suivi par tous les cavaliers de son rang qui exécutent successivement le même mouvement.

Le conducteur du deuxième rang rompt en même temps que celui du premier rang ; après avoir marché quelques pas, il tient une demi-hanche à droite ; il est suivi par tous les cavaliers de son rang qui exécutent successivement le même mouvement.

Les deux conducteurs se dirigent, en appuyant, à la rencontre l'un de l'autre, vers le milieu de la carrière ; arrivés à côté l'un de l'autre, ils se réunissent botte à botte et marchent droit devant eux jusqu'au grand côté de la piste ; alors ils tournent ensemble à droite en prenant le trot, et viennent se mettre en cercle à droite par deux, autour de la tête de Méduse placée sur un chandelier de bois vers les deux tiers du manége et à la gauche de la personne à qui on rend les honneurs ; chaque cavalier dans chaque rang exécute successivement le même mouvement, le deuxième rang conservant un mètre d'intervalle.

Etant en cercle à droite, chaque cavalier exécute, à la sonnerie d'un demi-appel fait par le trompette pour chaque mouvement, les 2e, 3e, 4e, 5e et 6e mouvements du maniement du dard. Lorsque le sixième mouvement est exécuté, les deux cavaliers marchent large à main gauche et sont suivis par tous les cavaliers. Ils rejoignent la piste du grand côté en face de la personne à honorer ; arrivé au coin de gauche de l'entrée, le deuxième rang arrête, le premier rang passe au pas, excepté le conducteur qui marche au galop à droite, prend un changement de direction diagonale, se dirige sur la tête de Méduse de manière à la laisser à sa droite, allonge le galop, exécute le septième mouvement du maniement du dard et à dix ou douze pas lance le dard, continue le changement de direction en ralentissant l'allure, tourne à droite, suit la piste à main droite, et vient se former à douze pas du petit côté et à gauche de l'entrée, par le mouvement *sur la droite en bataille*, ayant sa droite à hauteur de la gauche de l'entrée.

Chaque cavalier du premier rang continue de marcher au pas, et exécute successivement le même mouvement, ayant soin de ne prendre le galop que lorsqu'il est à douze pas de distance de celui qui le précède, et après avoir terminé la course, il vient se reformer à la gauche du conducteur du premier rang, par le mouvement *sur la droite en bataille*.

Les cavaliers du deuxième rang exécutent successivement le même mouvement, le conducteur ne prenant le galop que lorsqu'il se trouve à douze pas de distance du dernier cavalier du premier rang. La course terminée, chaque cavalier va successivement se former derrière le premier rang par le mouvement *sur la droite en bataille*.

Lorsque les cavaliers chargent pour lancer le dard, le trompette sonne la charge.

Sortir de la Carrière.

La course du dard étant terminée, on rompt par file à droite : les conducteurs remontent le manége à main gauche par deux ; arrivés au milieu du petit côté, ils commencent un changement de direction dans la longueur. Après avoir marché dix mètres, ils se séparent : le conducteur du premier rang oblique à droite, marche quatre pas dans cette direction et oblique de suite à gauche. Le conducteur du deuxième rang oblique à gauche , marche quatre pas dans cette direction et oblique de suite à droite, se réglant sur le premier rang. Ils se réunissent, croisent la lance, et après avoir marché quatre pas droit devant eux, ils se séparent de nouveau, et ainsi de suite, de manière à figurer un losange répété ; arrivés à l'entrée de la carrière, ils marchent droit, et vont se reformer comme il est prescrit dans la première partie.

Chaque cavalier dans chaque reprise exécute successivement le même mouvement , le cavalier du deuxième rang s'entendant avec celui du premier rang pour obliquer et se réunir.

Pour le maniement de la lance et du dard, voyez le cours d'*Equitation militaire*, titre 1ᵉʳ, pages 565 et suivantes.

Évolutions Militaires.

4ᵐᵉ Partie.

Cercles en sens inverses.

4ᵉ PARTIE.

Evolutions militaires.

PREMIER MOUVEMENT.

Cercles en sens inverse.

Le peloton étant en bataille, on fait mettre le sabre à la main.

A l'avertissement : *Rompez par un*, les six (ou quatre) premiers cavaliers du premier rang, ayant en tête le conducteur de la première reprise principale, rompent successivement par un au galop de pied ferme, et se dirigent vers la carrière. Lorsqu'ils ont atteint le milieu du manége, ils se mettent *en cercle à gauche*, et passent au pas.

Les dix (ou huit) cavaliers suivants (du premier rang), ayant en tête le numéro 7, rompent également par un au galop, vont se mettre *en cercle à droite* autour du premier cercle, et passent au trot.

Les seize (ou douze) cavaliers du deuxième rang, ayant en tête le conducteur de la deuxième reprise principale, rompent également au galop, et vont se mettre *en cercle à gauche* autour des deux cercles déjà formés. Ils restent au galop.

4.

Chaque cercle conserve quatre (ou trois) mètres d'intervalle de l'un à l'autre.

A mesure que chaque cercle se forme, les cavaliers du premier cercle font *à gauche pointez*.

Les cavaliers du deuxième cercle font *en avant sabrez*.

Les cavaliers du troisième cercle font des *moulinets à droite* à volonté.

L'officier commandant se place dans l'intérieur du premier cercle.

Changer de main individuellement dans chaque Cercle.

A l'avertissement : *Pirouettes individuelles dans chaque cercle*, chaque cavalier du premier cercle fait feu, pirouette à gauche, et se trouve en cercle à droite.

Ce feu doit s'exécuter, le cavalier ayant le bras tendu et le cordon du sabre passé dans le poignet.

Chaque cavalier du deuxième cercle pirouette à droite et se trouve en cercle à gauche.

Chaque cavalier du troisième cercle pirouette à gauche et se trouve en cercle à droite.

Après la pirouette, tous les cavaliers repartent à l'allure indiquée pour chaque cercle.

Les cavaliers du premier cercle font *à droite pointez*.

Les cavaliers du deuxième cercle font *en avant sabrez*.

Les cavaliers du troisième cercle font des *moulinets à gauche* à volonté.

Après ce mouvement, le peloton a la gauche en tête.

Dérouler les Cercles.

A l'avertissement : *Déroulez les cercles*, tous les cavaliers portent le sabre. Le conducteur du troisième cercle (qui est le cavalier de gauche du deuxième rang de la deuxième reprise principale), marche large à main droite, remonte la piste (la gauche en tête) et est suivi de tous les cavaliers de son cercle.

Evolutions Militaires.

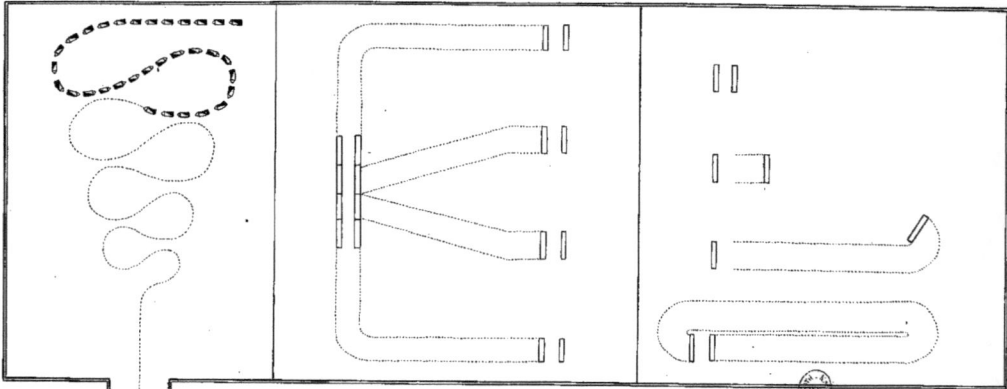

La Serpentine.   Rompre les Sections.   Sections en retraite par Echelons.

Le conducteur du deuxième cercle (qui est le cavalier de gauche du premier rang de la première reprise principale), continue de marcher au trot, pirouette à droite au galop, marche large à main droite, assez à temps pour prendre la queue du troisième cercle, sans perdre sa distance. Il est suivi de tous les cavaliers de son cercle, qui exécutent successivement leur pirouette sur le même point.

Le conducteur du premier cercle (qui est le numéro 6 du premier rang de la reprise principale) marche large à main droite, et prend le galop assez à temps pour reprendre la queue du deuxième cercle, sans perdre sa distance.

Lorsque tous les cercles sont déroulés, et que les cavaliers se trouvent en file, on fait exécuter une pirouette à droite pour remettre les reprises dans l'ordre naturel et à main gauche. Passer au pas et remettre le sabre.

DEUXIÈME MOUVEMENT.

La Serpentine.

Les deux reprises étant réunies, on fait prendre le filet de la main droite, et passer du pas au galop.

A l'avertissement : *La Serpentine,* le conducteur de la quadrille de tête descend le manége, en exécutant dans la largeur des demi-voltes successives figurant une *S* redoublée. Arrivé à l'entrée de la carrière, il marche droit, et va prendre un grand cercle à gauche en dehors de la carrière.

Il est suivi par tous les cavaliers qui exécutent le même mouvement.

Ce mouvement se commande lorsque le conducteur est arrivé à l'extrémité du petit côté opposé à l'entrée de la carrière.

TROISIÈME MOUVEMENT.

Doubler individuellement et arrêter dans l'intérieur du Cercle.

A l'avertissement : *Doublez individuellement et arrêtez*, chaque cavalier double individuellement à gauche, marche quelques pas, et arrête. La tête des chevaux doit se trouver dans l'intérieur du cercle, et à un mètre de l'officier commandant.

Ce mouvement se commande lorsque le conducteur de la deuxième reprise principale est arrivé au milieu de la circonférence du cercle.

QUATRIÈME MOUVEMENT.

Charge en Fourrageurs.

A l'avertissement : *Pirouettes à droite et à gauche*, les cavaliers du premier rang pirouettent à gauche au galop ; ceux du deuxième rang pirouettent à droite, et tous, excepté le cavalier de gauche de la première reprise principale et celui de droite de la deuxième reprise principale, qui ne bougent pas, vont, après leur pirouette, s'étendre au galop, ceux de la deuxième reprise plus ou moins à droite, et ceux de la première plus ou moins à gauche, et former une ligne de bataille, ayant soin de prendre cinq mètres d'intervalle de l'un à l'autre.

Étant arrivé à la place qu'il doit occuper, chaque cavalier s'arrête, s'aligne sur le centre, et met le sabre à la main.

Les deux trompettes suivent l'officier commandant.

A la sonnerie du boute-charge, le mouvement s'exécute comme dans l'ordonnance.

CINQUIÈME MOUVEMENT.

Ralliement.

A la sonnerie du ralliement, chaque cavalier porte le sabre, arrête, pirouette à gauche au galop, pour faire face en arrière, et tous se portent bien droit devant eux, en conservant leur intervalle de cinq mètres. A la sonnerie du demi-appel, les cavaliers du premier rang font un *à droite*, et suivent le conducteur qui tourne de suite à gauche, marche droit devant lui, et tourne une seconde fois à gauche. Ils viennent ensuite se reformer sur un rang par le mouvement *à gauche en bataille* à l'endroit où s'est placé l'officier et derrière lui.

Au même demi-appel, les cavaliers du deuxième rang font un *à gauche*, suivent le conducteur (la gauche en tête), qui tourne de suite à droite, marche droit devant lui et tourne une seconde fois à droite. Ils viennent, en dépassant le premier rang, se reformer derrière lui par le mouvement *à droite en bataille*.

Le peloton étant formé sur deux rangs, remettre le sabre, ouvrir et relever la portière de la schabraque..

SIXIÈME MOUVEMENT.

Rompre les Sections.

Le peloton marchant en bataille au pas, on commande : *Garde à vous. Rompez les sections ;* MARCHE. EN AVANT. Au commandement *marche*, la première section fait section à droite, et se porte en avant. La quatrième section fait section à gauche, et se porte en avant. La deuxième section oblique à droite, en ralentissant l'allure. La troisième section oblique à gauche en ralentissant l'allure.

Lorsque les sections ont vingt à vingt-cinq mètres d'intervalle de l'une à l'autre, on commande : *Sections à gauche et à droite*, MARCHE. EN AVANT, *guide à droite.*

Au commandement *marche*, la première section fait section à gauche, et se porte en avant. La quatrième section fait section à droite, et se porte en avant. Les deuxième et troisième sections se redressent et marchent droit.

Toutes les sections se règlent alors à droite, et les cavaliers font haut le pistolet.

Nota. Lorsque le peloton est composé de 24 hommes, et qu'il n'y a que trois sections, on commande : *Sections à droite et à gauche*, MARCHE. EN AVANT.

Au commandement *marche*, la deuxième section arrête ; la première section fait section à droite et se porte en avant ; la troisième section fait section à gauche et se porte en avant.

Lorsque les sections ont quinze à vingt mètres d'intervalle de l'une à l'autre, on commande : *Sections à gauche et à droite*, MARCHE. EN AVANT, *guide à droite.*

Au commandement *marche*, la première section fait section à gauche et se porte en avant.

La deuxième section fait section à droite, et se porte en avant.

Au commandement *en avant*, la deuxième section se porte en avant ; toutes les sections se règlent alors à droite et les cavaliers font haut le pistolet.

SEPTIÈME MOUVEMENT.

Sections en retraite par échelons.

Les sections marchant en bataille, on commande : *Sections, en retraite par échelons* : MARCHE.

Au commandement *marche*, le trompette sonne la retraite des tirailleurs.

A cette sonnerie, toutes les sections arrêtent, à l'exception des quatre cavaliers du premier rang de

Evolutions Militaires.

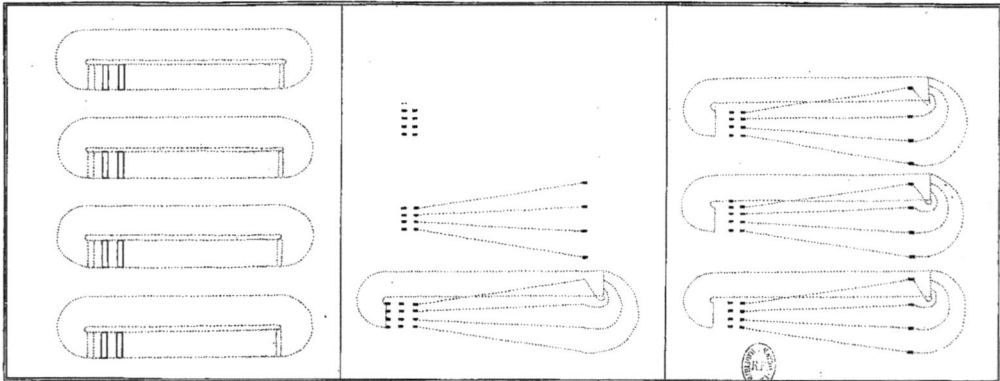

Sections en retraite.   Sections en Fourrageurs par Échelons.   Sections en Fourrageurs.

la première section, qui prennent le trot et continuent de marcher bien droit, restant liés à droite ; ils apprêtent le pistolet.

Lorsqu'ils ont parcouru quarante à cinquante mètres, on fait sonner le demi-tour.

A la sonnerie du demi-tour, les quatre cavaliers font feu ensemble, demi-tour à gauche par quatre et se portent en avant : ils suivent une ligne perpendiculaire à la gauche de leur deuxième rang, derrière lequel ils viennent se reformer par un deuxième demi-tour à gauche, et chargent leurs armes.

A la même sonnerie du demi-tour, les quatre cavaliers du premier rang de la deuxième section se portent en avant et exécutent ce qui a été prescrit pour la première section ; il en est de même pour les troisième et quatrième sections du premier rang.

Les quatre cavaliers du deuxième rang de la première section ne se portent en avant que lorsque les quatre cavaliers du premier rang de la quatrième (ou troisième) section exécutent leur demi-tour.

Les deuxième, troisième et quatrième sections du deuxième rang exécutent successivement le même mouvement, comme il a été prescrit pour la première.

Chaque section du deuxième rang vient se reformer derrière son premier rang.

Pour indiquer que cette retraite est terminée, on fait sonner deux demi-appels de suite, après le demi-tour du deuxième rang de la quatrième section.

On doit avoir soin de faire sonner le demi-tour pour chaque section.

HUITIÈME MOUVEMENT.

Sections en retraite.

Le peloton étant en bataille par sections, et arrêté, on commande : *Sections en retraite*, MARCHE : *guide à droite*.

Au commandement *marche*, le trompette sonne la retraite des tirailleurs.

A cette sonnerie, les quatre cavaliers du premier rang des quatre (ou trois) sections se portent ensemble en avant au trot, restant liés dans chaque section, se réglant à droite, et conservant leur intervalle de ce côté.

Lorsqu'ils ont parcouru quarante à cinquante mètres, on fait sonner le demi-tour.

A la sonnerie du demi-tour, les quatre (ou trois) sections font feu en même temps, demi-tour à gauche par quatre, et reviennent se former derrière la place qu'occupait le deuxième rang de leur section ; ils mettent le sabre à la main.

Lorsque les quatre (ou trois) sections sont près de rentrer, on fait sonner de nouveau la retraite des tirailleurs, ensuite le demi-tour. A ces sonneries, les quatre (ou trois) sections du deuxième rang exécutent ce qui a été prescrit pour le premier rang.

Les sections du deuxième rang mettent le sabre à la main à mesure qu'elles sont reformées.

Lorsque les deux rangs ont exécuté cette retraite, on fait sonner deux demi-appels après le demi-tour du deuxième rang, pour indiquer que le mouvement est terminé.

NEUVIÈME MOUVEMENT.

Sections en fourrageurs par échelons.

Le peloton étant en bataille par échelons et arrêté, on commande : *Sections en fourrageurs par échelons*, MARCHE.

Au commandement *marche*, le trompette sonne le boute-charge ; à cette sonnerie, les quatre cavaliers du premier rang de la première section se portent en avant au trot ; après la sonnerie, ils se dispersent au galop en fourrageurs, chaque cavalier s'étendant en éventail, de manière à couvrir le front de sa section ; ils donnent des coups de sabre, des coups de pointe, ou exécutent des moulinets.

Lorsqu'ils ont parcouru 40 à 50 mètres, on fait sonner le ralliement général. A cette sonnerie, chaque cavalier (3, 2 et 1) fait *sur la gauche en bataille*, sur le numéro 4, qui oblique de suite à droite, s'arrête et ne reprend le galop que lorsque les numéros 3, 2 et 4 sont à sa hauteur ; les cavaliers restant liés botte à botte, reviennent au galop se reformer derrière le deuxième rang, comme il a été prescrit pour la retraite en échelons des sections. On se conforme pour chaque rang des sections à ce qui a été prescrit pour la retraite en échelons (7ᵉ *Mouvement*).

Le trompette sonne pour chaque section le ralliement général : il sonne également le boute-charge, mais seulement lorsque la section qui est en retraite, est près d'arriver à sa place, de façon qu'il y ait toujours une section en fourrageurs.

Pour indiquer que le mouvement est terminé, on fait sonner deux demi-appels.

DIXIÈME MOUVEMENT.

Sections en Fourrageurs.

Le peloton étant en bataille par sections et arrêté, on commande : *Sections en fourrageurs*. MARCHE : *guide à droite*.

Au commandement *marche*, le trompette sonne le boute-charge ; à cette sonnerie, les quatre cavaliers du premier rang des quatre (ou trois) sections, se dispersent comme il est prescrit pour chaque section en fourrageurs par échelons ; à la sonnerie du ralliement, ils viennent se reformer de la même manière.

Les quatre cavaliers du deuxième rang de chaque section ne partent qu'après la sonnerie du boute-charge.

Cette sonnerie doit se faire lorsque les quatre sections du premier rang, après s'être ralliées, sont près d'arriver à leur place.

Pour indiquer que le mouvement est terminé, on fait sonner deux demi-appels.

5

Pour les retraites et les charges en fourrageurs, l'officier commandant se tient toujours dans l'intervalle et sur la ligne de la deuxième à la troisième section.

ONZIÈME MOUVEMENT.

Charge par Sections.

Le peloton étant en bataille par sections, et arrêté, on commande : *Pour charger*, MARCHE : *guide à droite.*

Au commandement *marche*, le trompette sonne la charge ; à cette sonnerie, les quatre ou trois sections exécutent la charge sur deux rangs, chaque rang prenant la position du sabre indiquée dans l'ordonnance.

Lorsque les sections ont parcouru **60** mètres au train de charge, on commande : *Garde à vous : sections*, HALTE.

A ces commandements, chaque section se conforme à ce qui est prescrit dans l'ordonnance.

Le trompette sonne *halte*.

DOUZIÈME MOUVEMENT.

Reformer les Sections.

Le peloton étant en bataille par sections et arrêté, on commande : *Sur la deuxième et troisième sections, face en arrière, en bataille*, MARCHE : *guide au centre.*

Au commandement *marche*, la deuxième section oblique à gauche, et la troisième section oblique à droite, au pas ; les deux sections se réunissent, et lorsqu'elles sont à la même hauteur, elles exécutent par deux sections un demi-tour à gauche, et s'arrêtent.

La première section se porte à trente pas en avant au trot, tourne à gauche sans commandement, et vient, en passant derrière les deux sections arrêtées se former à la droite de la deuxième, par le mouvement *sur la gauche en bataille*.

La deuxième section se porte à vingt pas en avant au trot, tourne à droite sans commandement, et vient, en passant derrière les deux sections arrêtées, se former à la gauche de la troisième par le mouvement *sur la droite en bataille*.

TREIZIÈME MOUVEMENT.

Charge par Peloton.

Le peloton étant en bataille, et arrêté, on commande : *Garde à vous peloton : en avant, guide à droite, au galop,* MARCHE : CHARGEZ : ce qui s'exécute, comme il est prescrit dans l'ordonnance.

L'officier commandant est à dix pas en avant du peloton, les trompettes se placent à cinq pas derrière lui et botte à botte.

Au commandement *chargez,* ils sonnent la charge.

Pour arrêter, après la charge, on commande : *Garde à vous : peloton,* HALTE.

Au commandement *halte,* le peloton arrête.

Les trompettes sonnent *halte.*

QUATORZIÈME MOUVEMENT.

Défiler.

Le peloton ayant exécuté la charge, on commande : *Sections à droite,* MARCHE. EN AVANT : *guide à gauche : Tête de colonne à gauche ; tête de colonne à gauche,* et au moment d'entrer dans la carrière, *tête de colonne à droite.*

Lorsque la tête de colonne est près d'arriver vis-à-vis de la personne à qui on doit rendre les honneurs, la première section exécute une pirouette à gauche sans commandement, et les cavaliers appuient à droite, restant liés botte à botte.

Dans ce mouvement, pour que le deuxième rang reste toujours derrière le premier, il doit obliquer à droite en pirouettant.

Arrivée devant la personne à honorer, la section présente le sabre ; après avoir appuyé dix mètres, elle exécute une pirouette à droite, marche droit, et chaque cavalier remet le sabre.

Chaque section exécute successivement le même mouvement, ayant soin de ralentir un peu l'allure de manière à conserver huit mètres d'intervalle d'une section à l'autre.

L'officier commandant se place à dix mètres en avant du peloton ; les deux trompettes sont placés à cinq mètres derrière lui. Ils défilent en même temps que le peloton et sonnent, en entrant dans la carrière, le premier couplet de la marche.

QUADRILLE ÉQUESTRE.

Composé pour le Carrousel
par J. Cressonnois.

N°1. PANTALON

N.º 2 . ÉTÉ .

Introduction.

N.º 3. MOULINET

Introduction.

Pressez pour reprendre ses places

Nº 4. BOULANGÈRE.

Introduction

Premier Couplet.

Cette reprise se joue jusqu'au rond.

Ici pour la rond, l'on transpose la Boulangère (sans l'introduction)
dans un ton plus élevé, mi ré pour exemple et l'on joue la dernière
reprise jusqu'à la fin du rond, après quoi l'on retourne au signe %

Lith. Brandus-Dufour 103 Rue de Richelieu.

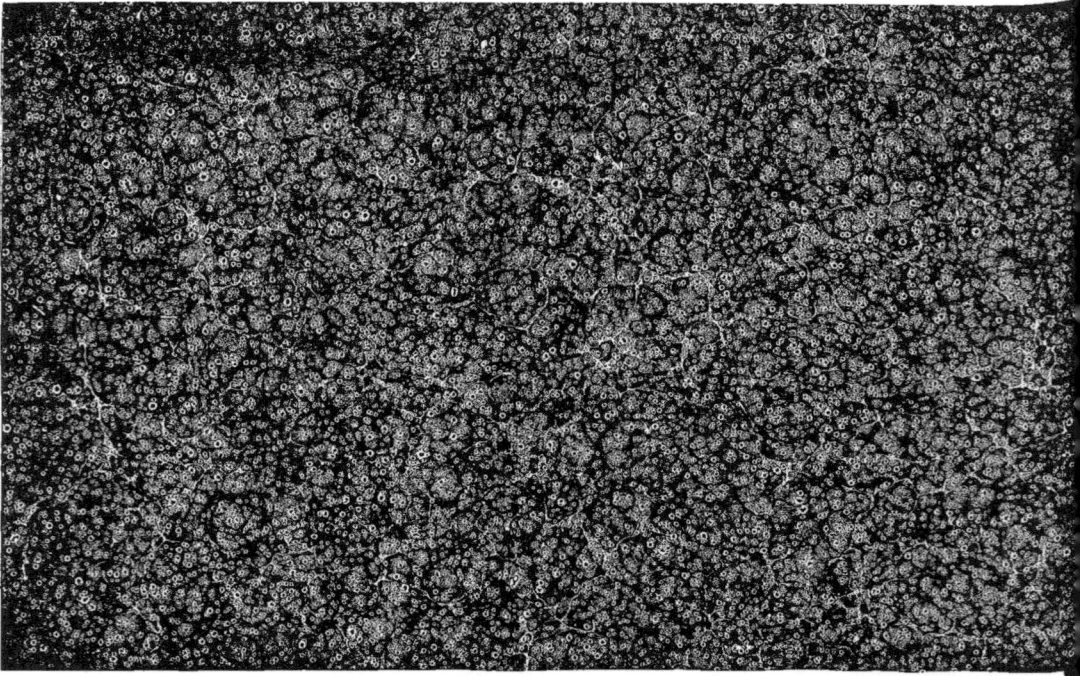

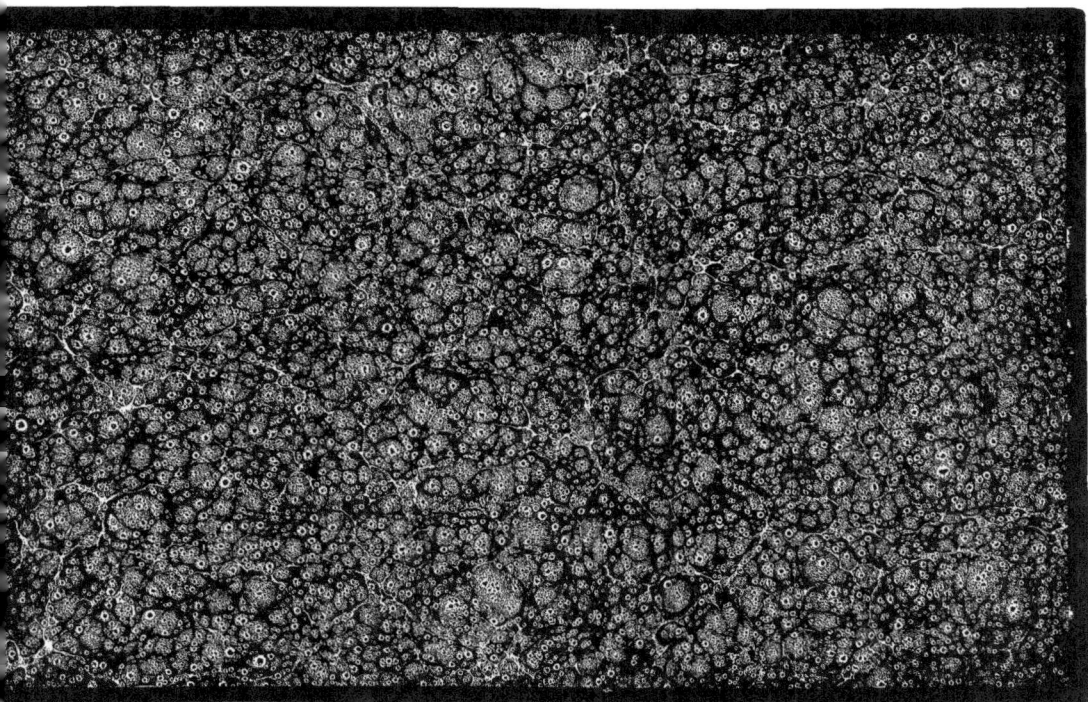

www.ingramcontent.com/pod-product-compliance
Lightning Source LLC
LaVergne TN
LVHW022016080426
835513LV00009B/757